Hugo Wolf

Der Corregidor

Oper in vier Akten

Hugo Wolf

Der Corregidor
 Oper in vier Akten

ISBN/EAN: 9783743699823

Hergestellt in Europa, USA, Kanada, Australien, Japan

Cover: Foto ©Thomas Meinert / pixelio.de

Weitere Bücher finden Sie auf **www.hansebooks.com**

Der Corregidor.

Oper in drei Akten
von
Hugo Wolf.

Text nach einer Novelle des Alarcon von
Rosa Mayreder.

K. Ferd. Heckel in Mannheim
Gr. Bad. Hofmusikalienhandlung.

Perfonen:

Don Eugenio de Zuniga, Corregidor.
Juan Lopez, Alkalde.
Pedro, deffen Sekretär.
Tonuelo, Gerichtsbote.
Repela, Diener des Corregidors.
Tio Lukas, Müller.
Ein Nachbar.
Ein Nachtwächter.
Donna Mercedes, Corregidora.
Frasquita, Gattin des Müllers.
Duenna, im Dienste der Corregidora.
Manuela, Magd bei Juan Lopez.
 Bischof und geistliches Gefolge. Gesinde des
  Corregidors, Alguacils. Musikanten.

Schauplatz: Gegend in Andalusien.

Zeit: 1804.

(Der Corregidor trägt über einem hellgrauen Rock
einen großen rothen Mantel, dazu Dreispitz, Quasten=
stock und Degen. Der Müller trägt Bauerntracht:
Jacke und Beinkleid von braunem Tuch, schwarzes
Hüftentuch und Felbelmütze. Beide sind etwas
hochschulterig.)

Erster Act.

Ein gepflasterter Platz vor der Mühle. Seitlich eine
geräumige Weinlaube.

Erste Scene.

Lukas, ein Nachbar. Lukas ist im Begriffe, mit einem Korb auf
die Weinlaube zu steigen.

Nachbar.

Euch gelingt's in allen Stücken,
Tio Lukas! Selbst die Trauben
Reifen früher hier bei Euch.
Pflückt Ihr heute wirklich schon?

Lukas.

Der hochwürd'ge Bischof wird
Heute wohl so gnädig sein,
In der Mühle einzukehren.

Nachbar.

Habt Ihr schon einmal berechnet,
Was Euch diese Gasterei'n
Wohl im Jahre kosten mögen?

Lukas (lachend).

Diese Arbeit überlaß' ich
Arithmetisch mehr Geübten,
Euch zum Beispiel, guter Freund.

Nachbar.

Aber glaubt Ihr nicht, daß Mancher
Nicht allein der Trauben wegen
Oder andrer Leckerbissen
Seine Gegenwart Euch schenkt?

Wäre ich an Eurer Stelle,
Dann bedächte ich genau,

Daß Frasquita eine schöne,
Eine wunderschöne Frau.

Lukas.

Nun, dann ist's ein Glück,
Daß Euch das Geschick
Nicht an meinen Platz gesetzt.
Lieber Nachbar, guten Tag.
(Er steigt hinauf. Nachbar ab.)

Zweite Scene.

Lukas, auf der Weinlaube; Frasquita, mit einem Tischtuch,
das sie auf den Tisch vor dem Hause breitet; sie singt, während sie
den Platz fegt und besprengt und die Stühle zurechtstellt:

Frasquita.

Kommt ein Knabe her des Weges:
„Lieber Knabe, bleibe steh'n!
Magst den Trunk aus kühlem Brunnen
An der Mühle nicht verschmäh'n."

Oder kommt ein Caballero
Angeritten über's Feld:
„Gastlich ist die Mühle offen,
Küch' und Keller wohlbestellt."

Ist's der Bischof, sind's Prälaten,
Eminenzen mildgesinnt:
„Darf der Müller Euch kredenzen,
Was bei ihm vom Zapfen rinnt?"

Lukas.

Denkst Du aber nicht, Frasquita,
Lieber sei's den Eminenzen,
Den Prälaten, Caballeros,
Allen Knaben jung und alt,
Wenn die Müllerin Frasquita
An des Müllers Statt kredenzt?

Frasquita.

Du dort oben in der Laube,
Böser Spötter, gieb nur Acht,
Daß Du nicht herabfällst! Sonst —!

Lukas.

Und was denkst Du, sucht der alte
Stattliche Corregidor,
Wenn er schwitzend nach der Mühle
Seinen hochgewölbten Rücken
Wöchentlich so oft heranträgt?

Frasquita.

O der Tausend, Herr Don Lukas,
Wären Sie wohl eifersüchtig?

Lukas.

Eifersüchtig auf den Alten?
Nein, ich freue mich von Herzen
Seiner Liebe.

Frasquita.
Ei das wäre?

Lukas.

In der Sünde liegt die Strafe!
Denn die Meine, denn Frasquita
Wird von allen Erdenmännern
Ewig nur den Einen lieben,
Ewig ihm nur angehören.

Frasquita.

Seht einmal den eitlen Mann!
Aber wie, wenn ich es lernte,
Einen Zweiten noch zu lieben?

Lukas.

O dann wärst Du nicht Frasquita,
Meine süße, meine holde
Herzenskönigin Frasquita,

Die von allen Erdenmännern
Ewig nur wird einen lieben.

Frasquita.

Ewig ihm nur angehören?
Ja Du lieber, guter, treuer
Närrisch lieber Herzenslukas,
Steige nur aus Deiner Laube
Endlich auf die Erde nieder,
Daß Du fühlst, wie Liebe thut.
(Lukas steigt von der Laube herunter und eilt auf sie zu.
Stürmische Umarmung.)

Lukas.

Ho, Frasquita! Mit Repela
Seh' in seinem rothen Mantel
Den Corregidor ich nah'n.

Frasquita.

Schon so früh? Was mag er wollen?
Welche Absicht führt ihn her?

Lukas.

Daß wir es genau erfahren,
Will ich hier im Laub versteckt,
Lauschen Eurem Zwiegespräch.

Frasquita.

Köstlicher Gedanke, Lukas!
Trifft der Alte mich allein,
Wird er mir sein runzlig altes,
Garst'ges Herz beredsam öffnen,
Wird er s e h r gesprächig sein.
(Lukas besteigt die Laube. Repela, vorsichtig umherspähend, nähert
sich Frasquita.)

Dritte Scene.
Die Vorigen, Repela.

Frasquita.

Nun, wo blieb Dein Herr, Repela?

Repela (mit komischem Pathos).

Schreckliche Müllerin, schweige!
Schreckliche Müllerin, zeige
Mir Dein Antlitz nicht.

Frasquita.

Närrischer Repela, sprich!
Kamst Du ohne Deinen Herrn?

Repela.

Daß ich ein Mann bin, o wehe!
Unheil der Männer Du, gehe
Mir aus dem Gesicht!

Frasquita.

Möchtest Du statt solcher Possen
Endlich mir nicht Rede stehn?

Repela.

Seh' ich Dich, schönste der Frauen,
Fühl' ich von Schauder und Grauen
Bang mich übermannt.
Rosige Wangen und Lippen,
Ach wie gefährliche Klippen
Sind sie dem Verstand!

Frasquita.

Solche abgeschmackte Weisheit
Hab' ich schon genug gehört.
Oder bringst Du sie im Auftrag
Deines Herrn, dann geh' und sag' ihm,
Daß er mir willkommen ist.

Repela.

Wirklich, Müllerin? Erwartest
Du allein zu dieser Stunde,
Uebermüthige Frasquita,
Wirklich den Corregidor?
Und der gute Lukas schläft
Wohl den Schlaf vertrauensfel'ger

Gatten drinnen in der Kammer
Auf dem weichen Kanapee?

Frasquita.

Frecher Wicht, und wenn er schliefe?

Repela.

Sput ich mich, es zu vermelden,
Und mein Auftrag ist vollbracht. (Ab.)

Frasquita (zu Lukas).

Hörst Du wohl? Dein Schlummerstündchen
Will er sich zu Nutze machen.

Lukas.

Armer Schelm! Es ist zum Lachen!

(Beide lachen. Frasquita nimmt die Castagnetten und tanzt lachend
den Fandango.)

Vierte Scene.
Die Vorigen, der Corregidor.

Corregidor (beim Eingang einige Zeit zusehend und dann
in die Hände klatschend).

Reizend! Himmlisch! Wunderbar!
(Näherkommend.)
Gott behüte Dich, Frasquita!

Frasquita.

O wie freundlich, o wie gütig,
Euer Gnaden sind schon hier!
Noch im Sonnenbrand begeben
Euer Gnaden sich zu mir!
Niemand sonst ist noch erschienen,
Leer der Tisch, leer das Gestühl,
Ihr allein — doch laßt Euch nieder;
Hier im Schatten ist es kühl.

Corregidor.

Still, Frasquita, nicht so wortreich!
Weckest sonst den Lukas auf —
Denn der Gute schläft wohl noch?

Frasquita (indem sie schalkhaft mit ihren Haaren spielt).

In dem Schatten meiner Locken*)
Schlief mir mein Geliebter ein —
Weck ich ihn nun auf?   Ach nein!

Sorglich strähl' ich meine krausen
Locken täglich in der Frühe;
Doch umsonst ist meine Mühe,
Weil die Winde sie zerzausen.

Lockenschatten, Windessausen
Schläferten den Liebsten ein.
Weck' ich ihn nun auf?   Ach nein!

Hören muß ich, wie ihn gräme,
Daß er schmachtet schon so lange,
Daß ihm Leben gäb und nähme
Diese meine braune Wange.

Und er nennt mich seine Schlange?
Und doch schlief er bei mir ein!
Weck' ich ihn nun auf?   Ach nein!

Corregidor.

Laß ihn schlafen, laß ihn ruhen!
Komm und setz Dich her zu mir.
Viele Dinge, große Dinge
Möcht ich anvertrauen Dir.

Frasquita.

Nun, ich sitze, Euer Gnaden,
Sprecht! ich höre zu.

(Sie schlägt die Beine übereinander, stützt den Ellbogen auf das
Knie und sieht ihn lächelnd an.)

Corregidor.

Süße Zauberin Frasquita,
Was in Deinen Feuerblicken
Mag den männlich harten Sinn
Doch so magisch mir bestricken?

*) Aus „Spanisches Liederbuch" von P. Heyse und E. Geibel.

Scheu machst Du mich, kühn zugleich;
Drohen möcht' ich, möchte schmähen —
Und doch wag in stillem Glüh'n
Keinen Wunsch ich zu gestehen.

Frasquita.

Und was wünschen Euer Gnaden?

Corregidor.

Alles, was Du willst, mein Herz!

Frasquita.

Was ich will, Ihr wißt es ja:
Die Ernennung meines Neffen
Alsogleich zum Sekretär
Beim Gerichte zu Estella ——
Dieses will ich!

Corregidor.

       Ha Frasquita!
Ganz Unmögliches verlangst Du!
Denn bedenke die Gefahr,
Wenn der hohe Stadtrath gar —

Frasquita (ihn unterbrechend).

Ach wie haben die Sitten
Sich doch betrüblich verwandelt!
Einst auf weibliche Bitten
Wie hätt' ein Spanier gehandelt!

O Don Eugenio, einst sprachen
Ritter nicht von Gefahren,
Kämpften mit Leuen und Drachen,
Wenn sie im Wege waren.

Aber vielleicht von den Rittern,
Werdet Ihr sagen, träte
Keiner ohne zu zittern
Vor die städtischen Räthe —?

Corregidor.

Nun, ich will es überlegen.
Würdest Du um diesen Preis
Schenken Deine Liebe mir?

Frasquita.

Ganz gewiß nicht, denn ich liebe
Ja umsonst Euch, gnäd'ger Herr.

Corregidor.

Also wirst Du dann mich lieben?

Frasquita.

Jetzt schon, sagt' ich doch soeben,
Jetzt schon lieb ich Euch gar sehr!

Corregidor.

Aber —

Frasquita.

Ohne aber, ehrlich
Ist und herzlich meine Liebe.

Corregidor.

Aber —

Frasquita.

Daß ich Euer Gnaden
Treu ergeben, könnt Ihr zweifeln?

Corregidor.

Aber —

Frasquita.

Jeder Zweifel würde
Kränken tief mein armes Herz.

Corregidor

Aber süßeste Frasquita —
Deine Liebe ist zu klein
Für so großer Schönheit Reiz.

Frasquita.

So gefall' ich Euch so sehr?

Corregidor.

Keine zweite Frau der Erde
Ist so schön wie Du!
Tag und Nacht raubt Deiner Schönheit
Bild mir Glück und Ruh'.

Frasquita.

Doch Eure Frau Gemahlin!
So hold und engelgleich,
Der Ehefrauen Krone
An Güte überreich!

Corregidor.

Ach die Ehe, Gott mag's wissen,
Ist ein böses Sacrament;
Auch die schönste Frau gewöhnt man,
Wenn man sie die Seine nennt!

Frasquita.

Von Andern hört' ich freilich,
Daß strenge Zucht sie hält,
Mit Argusaugen hütet
Den Mann, der ihr vermählt.

Corregidor.

Ach es haben diese Andern
Manches Wahre Dir gesagt;
Sehr von ihren schlimmen Launen
Bin ich armer Mann geplagt.

Hart ist sie und abgewendet
Aller Gluth, versteh' genau;
Dir will ich es anvertrauen:
Sie ist eine kalte Frau.

Aber wenn Dein Blick, Frasquita,
Feuersprühend auf mir ruht,

O da ahn' ich wonnetrunken
Eine tiefe Seelengluth.

Dürft' ich einmal Dich umfassen,
Kosten Dich, verbot'ne Frucht,
Dürft' ich diesen Mund berühren,
Den mein Blick begehrlich sucht --

(Er beugt sich stark über, um sie zu umarmen: sie weicht unversehens
zurück, und er fällt, das Gleichgewicht verlierend, mit dem Stuhl
der Länge nach auf den Boden.)

Frasquita (lachend.)

Herr Corregidor, ich bitte —

Lukas (aus der Weinlaube hervorkommend).

Was ist los, was ist geschehen?

Frasquita.

Dieser Scherz kam unerbeten!

Lukas.

Herr, Ihr seid wohl fehlgetreten?

Frasquita.

Oder wäre unter Euch
Gar der Stuhl zerbrochen?
Höre, fauler Müller:
Hohe Gäste, schlechte Stühle
Taugen für einander nicht.

Lukas.

Euer Gnaden haben
Sich doch nicht verletzt?

Corregidor (der indessen mühsam aufgestanden ist, mit ver-
haltenem Ingrimm).

Nein, ich bin ganz heil geblieben.
(Zu Frasquita leise.)
Frau, das sollst Du mir bezahlen.

Lukas.

Nun dann bin ich Euer Gnaden
Hoch verpflichtet für dies Stückchen,
Denn inmitten meiner Trauben
Hat der Schlaf mich übermannt.

Hätte seiner Gnaden lauter
Fall mich nicht erweckt — gewiß
Hätt' ich auf den Fliesen später
Mir gebrochen Arm und Bein.

Corregidor.

Also Du? Nun das freut mich,
Müller, freut mich wirklich sehr. —
(Zu Frasquita leise.)
Ja, das sollst Du mir bezahlen.

Frasquita (den Corregidor abstäubend, bittend).

O Herr, verzeiht dem Armen,
Er hat geschlafen wie ein Stock!
(Zu Lukas).
Herbei, Du Siebenschläfer,
Und bürste Seiner Gnaden Rock.

Corregidor (während Frasquita ihm ihre Schürze um die Ohren schlägt).

Du Schelm, Du böser Trotzkopf!

Frasquita (bittend).

Und Euer Gnaden hegen
Doch länger keinen Groll?

Corregidor.

Mein Schatz, es hängt von Dir ab,
Ob ich verzeihen soll.

(Indessen ist Lukas mit seinem Korb voll Weintrauben herabgestiegen. Frasquita, ihm hinter dem Rücken des Corregidor's eine Kußhand zuwerfend, nimmt zwei Trauben aus dem Korb und stellt sich, die Hände mit den Trauben hoch erhoben, lächelnd vor den Corregidor.)

Frasquita.

Unsres Weinstocks erste Gaben
Seien, Herr, Euch zugedacht;
Denn die Erstlingsfrüchte haben
Eine wunderthät'ge Macht,

Nehmet sie gleich einem Pfande,
Wie's ein Freund von Freunden nimmt,
Das der Freundschaft zarte Bande
Zu besiegeln ist bestimmt.
(Der Corregidor zögert, die Trauben anzunehmen.)

Fünfte Scene.
Die Vorigen, Repela.

Repela (der schon vorher nähergekommen ist).

Müllerin, Deine Trauben
Muthe dem Gaste nicht zu,
Denn es stehet zu glauben:
Sauer sind sie wie Du.

Frasquita.

Grober Schlingel, weißt Du denn,
Ob ich sauer bin, ob süß?

Repela.

Wachsen die Trauben auf Mauern
Unerreichbar hinan,
Wird sie unter die sauern
Rechnen der weise Mann.
Aber Deinen Freundschaftstrauben
Kommt ein Schätzer schon des Weges.
Müller, Müllerin vor's Thor,
Hohe Gäste zu empfah'n.

Frasquita.

Nein, im Ernste: kommt der Bischof?
Lukas, komm geschwind vor's Thor,
Ihn gebührend zu empfah'n.

Lukas.

Nein, im Ernste: kommt der Bischof?
Schnell, Frasquita, komm vor's Thor,
Ihn gebührend zu empfah'n.

(Frasquita und Lukas ab.)

Repela.

Herr, sofern Ihr noch gesonnen,
Ungeseh'n Euch aus der Mühle
Zu entfernen, nehmt den Weg hier
Links hinaus, doch ohne Säumen.

Corregidor.

Nein, ich bleibe. Und bezahlen
Soll sie mir den Spott, soll theuer
Meine Leiden mir bezahlen.

(Er schreibt einige Worte in seine Brieftafel und reißt das Blatt heraus.)

Höre und versteh', Repela:
Dies hier bringst Du dem Alkalden
Juan Lopez und gebiete
Eile ihm bei meinem Zorn.
Dann nach Hause zur Sennora
Geh' und melde, daß ich heute
Dringender Geschäfte wegen
Auf dem Rathhaus übernachte.
Dorten um die neunte Stunde
Harre Deines Herrn.

Repela.

Schwachen Kopf und schwache Beine
Überbürdet Ihr da schwer.
Möchtet Ihr nicht lieber Trauben,
Die auf dem Spalier der Tugend
Hoch und ersteiglich hangen,
Gleich dem weisen Thier der Fabel
Unversucht für sauer halten?

Corregidor.

Nicht, eh' sie das Spiel bezahlten!

(Er weist Repela mit einer gebieterischen Geberde fort. Repela geht
links ab. Im Hintergrunde, wo sich indessen herumziehende Musikanten
aufgestellt haben, sieht man das Gefolge des Bischofs, dem der Corregidor und Repela entgegengehen.)

————

Verwandlung.

Küche in der Mühle.

(Im Hintergrund befindet sich die Eingangsthür des
Hauses; seitlich, einige Stufen höher, die Thür des
Schlafzimmers. Im Kamin glimmen noch die Kohlen.)

Sechste Scene.

Frasquita, Lukas; beim Abendbrod.

Frasquita.

Aber sage mir, mein Lukas:
Daß er mich in allem Ernste
Zu gewinnen hoffen sollte —
Nein, ich kann es gar nicht fassen!
Mich, Frasquita, Deine Gattin!
Deine, Deine!

Lukas.

Warum nicht?
Ist er doch für seine Jahre
Noch ganz leidlich wohlerhalten;
Und nach ungefährer Schätzung
Wölbt sein Rücken sich nicht höher
Als der meine.

Frasquita.

Fehlgeschossen!
Denn bei Dir, als einz'ger Makel,
Eine Brücke zu uns Andern
Unvollkomm'nen Wesen bildet
Dieser Rücken sanft gewölbt,
Doch bei ihm als letzter Tropfen,
Macht er überfließen schon
Schlechter Eigenschaften Maaß.

Lukas (ihr über den Tisch die Hand drückend).

Du Gute!

Frasquita (aufstehend und ihn umarmend).

Du Lieber!

Lukas.

In solchen Abendfeierstunden,
Wie fühl' ich innig unser Glück!
Frasquita, daß wir uns gefunden,
Welch' seliges Geschick!

Der erste Blick an jedem Morgen,
Er sagt mir gleich: sie ist bei mir;
Der letzte nach des Tages Sorgen,
Er sagt: ich bin bei ihr.

So fließt die Zeit an allen Tagen
Von Lieb' zu Liebe selig hin;
Frasquita, Liebste, laß Dir sagen,
Daß ich so glücklich bin.

Frasquita.

In solchen Abendfeierstunden,
Wie fühl' ich innig unser Glück!
Mein Lukas, daß wir uns gefunden,
Welch' seliges Geschick!

Der erste Blick an jedem Morgen,
Er sagt mir gleich: er ist bei mir;
Der letzte nach des Tages Sorgen,
Er sagt: ich bin bei Dir.

So fließt die Zeit an allen Tagen
Von Lieb' zu Liebe selig hin;
Mein Lukas, Liebster, laß' Dir sagen,
Daß ich so glücklich bin.

(Es pocht an der Eingangsthür.)

Lukas.

Horch, was war denn das?

Frasquita.

Jetzt zu dieser Zeit?   (Aufstehend.)
Soll ich öffnen?

Lukas (sie zurückhaltend).

Bleib!

(Er geht zur Thür.)

Wer ist da?

Stimme (draußen).

Die Obrigkeit.

Lukas.

Welche Obrigkeit?

Stimme.

Des Ortes.

Oeffnet ohne Widerstand.

Lukas (durch ein verstecktes Guckloch spähend).

Daß ich nicht dem Trunkenbold
Tonuelo öffnen sollt'! (Er öffnet.)

Siebente Scene.

Die Vorigen. Tonuelo betrunken aber nicht heiter.

Tonuelo.

Ein geschriebener Befehl —
Guten Abend, Tio Lukas.
Mit Verlaub — (Er setzt sich.) Ich und der Herr
Bürgermeister —
Der Herr Bürgermeister — (Schlucken.) uff!

Lukas.

Lieber Alter, gieb nur her;
Denn ich sehe, einer Deiner
Schwermuthsvollen, schweren Räusche
Hat Dich wieder. Trink noch eins?

Tonuelo.

Bruderseele, Ehrenmann,
Jetzt ist keine Zeit dazu!
Mußt mir folgen und sogleich!

Lukas.

Ich Dir folgen? Wie? Und Dir?
Ich —? Frasquita, leuchte mir.

(Er ergreift das Schriftstück.)

(Frasquita, die sich indessen seitwärts mit einem Gegenstande beschäftigt
hat, wirft denselben aus der Hand und ergreift das Licht. Lukas
erkennt in dem Gegenstande seine Donnerbüchse und nimmt Frasquita
zärtlich beim Kinn):

Du goldner Herzensschatz!

Frasquita.

Laß das Blatt mit Dir mich lesen!

(Frasquita und Lukas lesen zusammen in dem Schriftstück.)

Tonuelo.

Lieber Müller, sei gescheidt,
Brauchst vor uns nicht zu erschrecken,
Denn es pflegt die Obrigkeit
Nur die Schuld'gen einzustecken.

Ja, vertraue auf mein Wort,
Ohne Sorge kannst Du kommen;
Wirst als bravster Mann im Ort,
Wirst als Zeuge nur vernommen.

Lukas.

Gut, so sage dem Alkalden,
Daß ich morgen kommen will.

Tonuelo.

O Beileibe — morgen! Heute,
Jetzt sofort, gleich auf der Stelle,
Hat der Herr mir eingeschärft!

Frasquita.

Nun, Dein Herr ist wohl von Sinnen?
Bist Du selber bei Vernunft?

Tonuelo.

Was Vernunft! Gehört Vernunft sich
Denn auch für die Obrigkeit?

Nur Befehlen und Gehorchen
Giebt es, darum keinen Streit.
(Vertraulicher.)
Macht Euch nicht so viel daraus!
Folgt mir jetzt, wenn ich befehle,
Denn es geht um Brod und Stelle,
Komm ich ohne Euch nach Haus.

Lukas.

Was ist da zu thun? Verdammt!

Frasquita.

Schlimme Dinge ahn' ich da.

Lukas.

Pah, ich geh' in Gottes Namen.

Frasquita.

Geh'st Du fort, so geh' ich mit.

Tonuelo.

Weibervolk, das fehlte noch!
Dieser geht mit mir,
Ihr verbleibet hier,
Also steht's geschrieben
Da auf dem Papier.

Frasquita (zu Lukas ungestüm).

Aber ich? Was soll ich thun?

Lukas.

Sieh mich an, Frasquita —
(Er faßt sie bei beiden Händen und sieht ihr in die Augen.)
Bleib!

Frasquita
(senkt unmuthig den Kopf, dann fällt sie ihm um den Hals).
Ach, mein Lukas, geh! Doch halt!
(Sie zieht ihm den Mantel über die Schultern.)
Hüll' Dich ein, die Nacht ist kalt.
(Lukas und Tonuelo ab.)

Achte Scene.

Wache will ich halten,
Bis der Morgen graut.

(Sie geht zum Kamin und macht Feuer an.)

Flackerschein, ich blase
Aus der Asche dich heraus.
Sprühe, sprühe, liebe Flamme,
Leuchte traulich durch das Haus.

(Sie nimmt den Kessel und hängt ihn über das Feuer.)

Brodeltopf, du alter,
Sollst mir auch Gefährte sein;
Summe, summe, lieber Alter,
Singe meine Sorgen ein.

(Sie setzt sich mit dem Spinnrocken neben den Kamin; dann hält sie
inne und läßt den Kopf sinken.)

Hätt' ich ihn doch überredet,
Hier bis morgen zu behalten
Diesen alten Trunkenbold!

(Sie beginnt wieder zu spinnen.)

Schleichen die bösen Gedanken
Drohend Dir um das Haus,
Schließe Fenster und Thüren,
Blicke nicht spähend hinaus.

Pocht die Bettlerin Hoffnung
Aber schüchtern an's Thor,
O da bereite Dich gastlich,
Oeffne Dein Herz und Dein Ohr.

(Sie hält wieder inne. Pause wie früher.)

Wenn sie schnellen Schrittes geh'n
Haben sie des Weges Hälfte
Jetzt beinahe hinter sich.

(Sie beginnt wieder zu spinnen.)

Auf Zamora geht der Feldzug,
Auf die feste Stadt Zamora!
Zahllos ist das Heer der Krieger,
Wohlbedacht des Feldherrn Plan.

Unterm Himmel jagen Wolken,
Wolken hingepeitscht vom Sturme,
Und im sternenlosen Dunkel
Dumpf und schweigend ruht die Stadt.

Doch am Ufer des Duero
Waffenklirrend —

Stimme (von außen, schreiend).
Hilfe, Hilfe!
Ich ertrinke! Oh! Frasquita!

Frasquita (entsetzt).
Das ist Lukas! Ja, ich komme!
(Sie stürzt zur Thür und öffnet.)

Neunte Scene.

Die Vorige, der Corregidor, von Wasser triefend, hustend und
athemlos.

Corregidor.
Gott verzeihe mir! Ich glaubte
Schon mein letztes Stündchen nah'!

Frasquita (zurückweichend, mit Entrüstung).
Ihr? Ihr? Was soll das sein?
Um diese Zeit? Was wollt Ihr hier?

Corregidor.
Stille! Alles sollst Du wissen.
Ach, beinah wär' ich ertrunken!

Frasquita (mit äußerster Heftigkeit).
Nichts braucht Ihr mir zu erklären,
Ich versteh' Euch nur zu gut!
Kümmert's mich, wenn Ihr ertrinkt?
O welch eine Schändlichkeit!
(Mit gerungenen Händen herumirrend.)
Deshalb also, Lukas, deshalb!

O Lukas, mein Gatte,
So hab' ich mit Prahlen
Geschaffen Dir thöricht
Den schlimmsten Rivalen;
Ich lachte und scherzte —
Und du mußt das Spiel bezahlen.

Corregidor

(der indessen seinen rothen Mantel abgelegt, seine Rockschöße aus=
gewunden und seine Haare geordnet hat).

Hör' mein Kind!

Frasquita.

Ich höre nichts!
Will von Euch auch gar nichts hören!
Fort von hier, sogleich!
Sonst mit eig'nen Händen wieder
Werfe in den Bach ich Euch!

Corregidor (schmeichelnd).

Nur um Deinen braven Mann,
Den der Bürgermeister fälschlich
Eingezogen, zu befrei'n,
Kam ich her.

Frasquita (sich die Ohren zuhaltend).

Ich will nichts hören!
Geht und laßt mich hier allein!

Corregidor.

Hören willst Du nicht, Frasquita?
O das kann Dein Ernst nicht sein;
Denn — war's heut nicht in der Laube,
Daß Du mich hast angelacht,
Bis ein süßer Liebesglaube
Mir im Herzen ward entfacht;
Bis mich alten Mann gebunden
Du an dich mit Seel' und Leib,
Bis geschlagen tiefe Wunden
Du! — und nur Zeitvertreib
War Dir's? Spaß, den Du gemacht?

Frasquita (betreten).

Unrecht war's und unbedacht.

Corregidor.

Darum sei gescheibt, Frasquita,
Setz' an's Feuer Dich zu mir,
Denn mich friert bis in das Mark.
(Frasquita in ihrer abweisenden Stellung verharrend.)
Willst nicht? O ich weiß ein Mittel
Dich zu locken, — sieh doch her!
Die Ernennung Deines Neffen —
Nun, was sagst Du?

Frasquita
(aufspringend und ihm das Blatt entreißend).
Heil'ger Gott!
Die Ernennung meines Neffen
Hat er wirklich mitgebracht!
O was hat dies Ungeheuer,
Dieser Tropf von mir gedacht!

Corregidor (würdevoll).

Du vergißt Dich, gute Frau.
Ich bin der Corregidor!

Frasquita.

Und wenn Ihr der König wär't!
Schlechter Heuchler, Frevler, hört:
In die Stadt find ich hinein,
Dort zum Bischof will ich — nein,
Will zu Eurer Gattin geh'n —

Corregidor (heftig).

Nichts von all'dem wird gescheh'n!
Denn ich werde Dich erschießen,
Wenn Du länger widerstehst.
Ja bei Gott! das werd' ich thun.

(Er ringt mit ihr, sie reißt sich los und läuft gegen den Winkel,
wohin sie die Donnerbüchse geworfen hat; er folgt ihr und zieht eine
Taschenpistole.)

Frasquita
(sich aufrichtend und das Gewehr hinter sich verbergend, mit wieder-
gewonnener Ruhe).

Herr Corregidor, nicht übel!
Das Pistol in einer Hand,
In der andern die Ernennung —
Nun, das nenn' ich doch galant.

(Das Gewehr anlegend.)

Nun, ich wähle, Euer Gnaden:
Ein Duell, wenn's Euch gefällt —?

Corregidor
(erschrocken hinter den Tisch flüchtend).

Halt! Ich hab' ja nicht geladen!
Halt! Um Alles in der Welt!
Was könntest Du im Zorn
Für Unheil nicht verschulden!
Mein Droh'n war ja nur Scherz,
Und die Ernennung schenk' ich
Dir ganz umsonst, mein Herz.

Frasquita.

Tragt sie nur wieder hübsch nach Haus;
Für solche Gaben dank' ich sehr.
Doch Zeit ist's, daß Ihr Euch entfernt,
Denn länger duld' ich Euch nicht mehr.

Corregidor
(wankt und sinkt mit geschlossenen Augen zu Boden).

Ach die Nässe,
Ach der Schrecken!
Gott, ich sterbe!
O Frasquita,
Ruf' Repela,
Rufe, rufe!

Frasquita (ihn an der Schulter rüttelnd).

Solchen Flausen glaub' ich nicht —
Herr im Himmel, das ist Wahrheit!

Welchen Satan hat der Alte
Denn im Leibe!

(Sie läuft zur Thür und ruft hinaus.)

He, Repela!
Höre mich, Repela hör'!

(Wieder zurückkommend.)

Und ich habe hirnverblendet
Selbst die Thür ihm aufgemacht!
Wenn er nun hier sterben sollte,
Wie ständ' ich dann vor den Leuten,
Wie vor Lukas schimpflich da.

Zehnte Scene.
Die Vorigen. Repela.

Frasquita (auf den Corregidor zeigend).

Da Repela, Spießgeselle,
Helfershelfer solcher Streiche,
Trage Deinen Antheil hier.

Repela.

Stieg die Liebe ihm zu Kopfe?
Ist's ein Herzschlag, der ihn traf?

Frasquita.

Schon mit einem Fuß im Grabe,
Mußt' er noch auf Liebe sinnen!
Hilf ihm! In die Stadt zum Arzte
Will indeff' ich eilends geh'n.

(Sie geht beiseite und bindet ein Tuch über die Schultern.)

Corregidor (zu sich kommend).

Ach Repela, ach ich sterbe!

Repela.

Ei, Ihr werdet ja lebendig.

Frasquita.

Ich entfliehe diesem Hause.

Corregidor.

In ein Bette bring' mich schnell!

Repela.

In das Bette der Frasquita
Kommt Ihr also — ist's Euch recht?
Giebt doch Gott am liebsten Kuchen
Dem, der nichts mehr essen kann!

Corregidor.

Trockne Wäsche, warme Tücher
Mache mir sogleich zurecht;
Soll ich jemals noch genesen,
Tüchtig schwitzen muß ich dann.

Frasquita.

Zuflucht suche ich bei Lukas,
Suche dort mein gutes Recht;
Sein Gefängniß theil ich gerne,
Wenn ich glücklich hier entrann.

(Frasquita ab.)

Elfte Scene.

Die Vorigen ohne Frasquita.

Corregidor

(sich seines Oberrockes und seiner Weste entledigen

Vor dem Feuer breite
Meine Kleider aus.

Repela.

Herr, verzeiht: setzt Euch die Liebe
Denn so sehr in Schweiß?

Corregidor.

Laß die Späße sein!
Thu', wie ich Dich heiß'! —
In den Bach bin ich gefallen,
Ausgeglitten auf dem Steg.
Hörtest nicht mein Hilferufen?

Repela (dem Corregidor die Schuhe ausziehend).
Eine Kriegslist, dacht' ich, wär's,
Kriegslist für die Müllerin.

Corregidor
(sich bei dem letzten Wort nach Frasquita umsehend).
Wo versteckte sich Frasquita?

Repela.
Einen Arzt zu holen,
Ging sie in die Stadt.

Corregidor (aufspringend).
Höll' und Teufel! Woher weißt Du's?

Repela.
Herr, aus ihrem eig'nen Mund.

Corregidor.
Eile, lauf', Repela, fliege!
Nicht zum Arzt — zu meiner Frau
Ist sie in die Stadt gegangen.
Gott, mein Gott, ich bin verloren!
Meine Ehre, meine Würde!
Eile, lauf', Repela, fliege,
Hol' sie ein, komm' ihr zuvor!

Repela (mit einem prüfenden Blick auf seine Waden).
Herr, Ihr seid ein Kenner: haben
Diese Wadenmuskeln Aussicht,
Jene der Frasquita siegreich
Auf der Rennbahn zu besteh'n? (Ab.)

Corregidor (während er sich noch beim Feuer wärmt).
„Herz, verzage nicht geschwind,*)
Weil die Weiber Weiber sind!
Argwohn lehre dich sie kennen,
Die sich lichte Sterne nennen
Und wie Feuerfunken brennen.
D'rum verzage nicht geschwind,
Weil die Weiber Weiber sind.

---

*) Aus „Spanisches Liederbuch" von P. Heyse u. E. Geibel.

Laß dir nicht den Sinn verwirren,
Wenn sie süße Weisen girren,
Möchten dich mit Listen kirren,
Machen dich mit Ränken blind,
Weil die Weiber Weiber sind.

Sind einander stets im Bunde,
Fechten tapfer mit dem Munde,
Wünschen, was versagt die Stunde,
Bauen Schlösser in den Wind —
Weil die Weiber Weiber sind.

Und so ist ihr Sinn verschroben,
Daß sie, lobst du, was zu loben,
Mit dem Mund dagegen toben,
Ob ihr Herz auch Gleiches sinnt,
Weil die Weiber Weiber sind."

(Er nimmt das Licht vom Tisch und geht in das Schlafzimmer.)

Zweiter Act.

Ein Zimmer im Hause des Alkalden Juan Lopez.

Erste Scene.

Der Alkalde Juan Lopez, Pedro, sein Schreiber,
die Magd Manuela.

Alkalde.

Manuela, Manuela, zum Henker,
Es ruft der gnädige Herr!
Was stehst Du und gaffst an der Thüre?
Siehst nicht? Die Gläser sind leer!

Du wirst im Dienst des Alkalden
Ja täglich dümmer als dumm!
Schenk' ein! sonst mach' ich Dir Beine,
Ich schlage Dich bucklig und krumm.

Pedro.

Schenk' ein, Du Blume von Castilien,
Schenk' ein und sei gemüthlich;
Schätzbar allein sind nicht nur Lilien,
Auch braun ist appetitlich.

Manuela (sich erwehrend).

Ja, schenk' ein! Du alter Weinschlauch,
Nicht ein Tropfen blieb im Krug,
Und den Kellerschlüssel nahm
Die Sennora mit in's Bett.

Alkalde.

Zum Henker! Mit in's Bett?
Dann geh' und hol' ihn nur —
Sonst — hol' ich ihn mir selbst.

(Manuela ab.)

3

Pedro.

Ich und mein holdseliges Weibchen,
Trallalalira, trallala la,
Wir leben wie zärtliche Täubchen,
Trallalalira trallala la,
Verbunden in seliger Harmonie,
Trallalalira, trallala la,
Die Freuden der Ehe, wie kennen wir die!

Wissen das Leben zu würzen,
Trallalalira, trallala la,
Einander die Zeit zu verkürzen,
Trallalalira, trallala la,
Es wechseln die Stunden so minniglich,
Trallalaria, trallala la —
Und prügl' ich nicht sie, so prügelt sie mich.

Alkalde.

Hast Du schon ermittelt, welcher Bär
Dem Müller aufzubürden wär'?

Pedro.

Auf einen solchen breiten Rücken
Ist leicht ein Bär hinaufzuschicken.

Zweite Scene.

Die Vorigen, Lukas und Tonuelo.

Alkalde (sich hinter den Ohren kratzend).

Guten Abend, wack'rer Müller.
Wie geht's Euch und wie Frasquita?
Ist sie immer noch so schön?
Setzt Euch nieder, ruht Euch aus;
Denn wir haben keine Eile.

Lukas.

Ja verflucht, wenn ich sie hätt'.

Dennoch möcht' ich wissen gern,
Was Ihr wünscht, Sennor Alkalde,
Da Ihr mich um diese Zeit
Habt von Hause holen lassen.

Tonuelo.

Ja, er möchte wissen gern,
Was Ihr wünscht, Sennor Alkalde,
Und mir scheint, um diese Zeit
Ist mit ihm nicht gut zu spaßen.

(Manuela kommt mit dem Weinkrug.)

Alkalde.

Pedro, Sekretär, was war es?
Herr, wir haben Euch benöthigt
In Erfüllung uns'rer Pflicht —
Trinkt ein Gläschen, Tio Lukas,
Da Ihr hier seid, eilt es nicht.

Pedro.

Eifer habt Ihr brav bethätigt
In Erfüllung Eurer Pflicht;
Trinkt ein Gläschen, Tio Lukas,
Alles Andre eilet nicht.

Lukas (zu sich).

Meine Ahnung ist bestätigt —
O ich kenne Eure Pflicht!
Doch Ihr habt den Tio Lukas,
Werthe Herr'n, noch lange nicht.
Gut denn, gebet mir ein Glas!
Herr Alkalde, Euer Wohl!

(Er nippt an dem Glas und reicht es dem Alkalden.)

Alkalde.

Auf das Eure, werther Freund!

(Er leert das Glas.)

Sage Deiner Frau, Manuela,
Daß ein Bett für unsern Gast
In der Kammer —

3*

Lukas (ihn unterbrechend).

Gott bewahre!
Sorget meinetwegen nicht.
Ich, ich schlaf' auch hier
Wie ein Murmelthier.

Alkalde.

Nun, wie's Euch beliebt.

Lukas.

Soll ich vorher ein Lied Euch lehren,
Wie man's in meiner Heimath singt?
Da heißt es aber trinken, trinken
Wie nur ein Navarrese trinkt.

Alkalde.

Lehr' uns, wack'rer Müller, lehre!

Pedro.

Heraus mit Eurem Lied.

Lukas.

Manuela, flink, schenk' ein.
(Manuela macht ihm Zeichen, die er nicht beachtet.)
Und befolgt genau die Regel:
Bei dem Worte: spanischer Wein
Muß stets ausgetrunken sein.

Alkalde, Pedro u. Tonuelo (wiederholend).

Bei dem Worte: spanischer Wein
Muß stets ausgetrunken sein!

Lukas.

Ich hab' Dich zum Beistand erwählt,
O du guter, du edler

spanischer Wein
In jeder Drangsal, die mich quält,
O du guter, du edler

spanischer Wein
Ist die Gesellschaft noch so schlecht,
O du guter, du edler

spanischer Wein

Du tröstest mich, du bist ja echt,
O du guter, du edler

spanischer Wein
Bist echt und stark, und deine Macht,
O du guter, du edler

spanischer Wein
Hat oft schon Narren zu Fall gebracht,
O du guter, du edler —

Tonuelo.

Schwerenoth, wieviele Zeilen,
Tio Lukas, hat das Lied?

Lukas.

Schwache bringen's nur auf dreizehn,
Stärkere auf fünfundzwanzig.

Alkalde.

Tonuelo, Schwachkopf, schweige!
Unter fünfundzwanzig, Müller,
Thuen wir's um keinen Preis.

Lukas.

Dann geb ich mich überwunden!
(Fürchterlich gähnend.)
Darf ich jetzt mich niederlegen?

Alkalde.

Zugestanden. Legt Euch nieder,
Ueberwundner Navarrese!

Canon.

Pedro.

Don Rodrigo, Don Rodrigo
Geht um sieben Uhr zur Ruh,
Alkalde, Manuela und Tonuelo
(der Reihe nach einfallend).
Don Rodrigo, Don Rodrigo ꝛc.

Pedro.

Deckt bis über's Ohr sich zu,
Don Rodrigo, Don Rodrigo

Streckt sich aus und schnarcht im Nu.
Don Rodrigo, Don Rodrigo —
Gute Nacht, Schlafmütze Du.

(Manuela hat wieder dem Lukas Zeichen gemacht, die dieser
verächtlich nicht bemerken will. Alle ab.)

Dritte Scene.

Lukas (allein).

Sind sie gegangen? Sind sie fort?
Ha, die Schurken! Der verdammte,
Angetrunkne alte Schuft!
Nächtlich her mich zu bescheiden,
Um mit Wein mich zu bewirthen —
O es kann nichts klarer sein!
Indeß ich ferne bin,
Schleicht sich der Alte ein.
Frasquita — aber nein!
Dennoch, dennoch!
Gott mag wissen,
Welche List die Liebestollheit
Dem Corregidor verlieh!

(Er lauscht.)

Alles ruhig!

(Dann läuft er gegen das Fenster, öffnet es behutsam und schwingt
sich hinauf.)

Bis zum Boden sieben Schuh —
Herr Alkalde, gute Ruh!

(Er springt hinab. Die Bühne bleibt einige Augenblicke leer;
dann kommt.)

Vierte Scene.

Manuela (sich in der Dunkelheit vorwärtstastend).

Tio Lukas, auf ein Wort!
Wenn Ihr mir versprechen wollt,
Mich in Euren Dienst zu nehmen,
Könnt' ich wicht'gen Wink Euch geben —
In diesem Haus, o begreift,
Wie bin ich Ärmste gefoltert!

Die Herrin schmählet und keift,
Der Herr, er prügelt und poltert.

(Sie hat sich indessen der Bank genähert.)

Tio Lukas, hört Ihr mich?
Tio Lukas!

(Sie tastet auf die Bank.)

Heil'ger Gott!
Er ist fort!

(Sie läuft zur Thür und ruft hinaus.)

Pedro, Tonuelo, Pedro!
Tio Lukas ist entsprungen.

(Zurückkommend.)

Mögen sie's dem Herrn berichten.
Backenstreiche,
Rippenstöße
Setzt es wieder ab!

Fünfte Scene.
Die Vorige, Pedro und Tonuelo.

Pedro (weinselig).

Wenn Dich einer küssen will,
Liebes Schätzchen, bleibe still,
Schreie nicht durch's ganze Haus
Dein Geheimniß eilig aus.

Manuela.

Hör' verliebter Esel:
Tio Lukas, er ist fort!

(Pedro und Tonuelo sehen einander erstaunt an.)

Pedro.

Dieser Casus ist verdrießlich.

Tonuelo.

Hol' ihn dieser oder jener,
Diesen Casus Tio Lukas.

Manuela.

Also auf, ihr beiden Helden,
Setzt dem Flüchtling schleunig nach!
Doch es erst dem Herrn zu melden,
Geht hinauf ins Schlafgemach.

Pedro.

Diese Nachricht soll ich melden?
Gott bewahr' mich armen Mann!
Das ist eine That für Helden —
Tonuelo, geh' voran!

Tonuelo.

Diese Nachricht soll ich melden?
Gott bewahr' mich armen Mann!
Das ist eine That für Helden —
Tapf'rer Pedro, geh' voran!

Manuela.

Also auf, ihr beiden Helden,
Tonuelo, sei ein Mann!
Diese Nachricht sollt ihr melden,
Tapf'rer Pedro, geh' voran.

Pedro und Tonuelo.

Diese Nachricht soll ich melden?
Gott bewahr' mich armen Mann!
Das ist eine That für Helden —
Manuela, geh' voran.

Gesinde des Alkalden, das inzwischen sich eingefunden.

Auf ihr Helden!
Auf zu melden!
Geht voran!
Wir folgen dann!

(Während sie sich gegenseitig vorzuschieben suchen, fällt der Vorhang.)

Verwandlung.

Hügelland. Ein Weg im Hintergrund oben und ein Weg im Vordergrund unten, durch einen Pfad verbunden. Nacht; bewölkter Himmel mit manchmal durchbrechendem Mondschein.

Sechste Scene.

Frasquita (kommt den oberen Weg und läuft den Pfad herunter; sieht sich lauschend um).

Sonderbare Nachtgeräusche
Folgen mir von Ort zu Ort.
Wie ich mich beständig täusche!
Schritte hör' ich fort und fort.

(Lukas läuft auf dem oberen Wege vorüber.)

Oder ist's mein eignes Blut,
Das mir in den Ohren saust?

(Der Mond kommt hervor.)

Neugieriger Mond,
Du hast uns belauscht,
Als wir der Liebe
Geständniß getauscht;
Erster Bezeigung
Glühender Neigung
Warst Du ein lieber Vertrauter.

(Repela kommt auf dem untern Weg und bleibt in einiger Entfernung stehen.)

So hilf mir nun treu,
Verrathe mich nicht;
Birg heute in Wolken
Dein strahlendes Licht!
Nächtlich sich Schleichenden,
Heimlich Hinstreichenden
Bist Du kein lieber Vertrauter.

Siebente Scene.

Die Vorige, Repela, näherkommend.

Frasquita (erschrickt, faßt sich aber gleich).

Wer ist's? Was wollt Ihr?

Repela.

Kein Wolf — ein zahmes Thier!

Frasquita.

Ach Du! Was suchst Du hier?

Repela.

Wenn sich schöne Frauen rüsten,
Nächtlich über Land zu geh'n,
Sollten sie doch die Begleitung
Eines Ritters nicht verschmäh'n!

Frasquita.

Hat Dein Herr nach mir geschickt,
Will er zurück mich holen lassen,
Der Schändliche, der Bösewicht?

Repela.

Deiner Tugend opferfreud'gen
Herold, warum schmähst Du ihn?

Frasquita.

Opferfreudig? Er ist meiner
Tugend sittenloser Feind.

Repela.

Unerprobt, wär sie denn Tugend?
Der die Prüfung Dir bereitet,
Dich zu muth'ger That verleitet,
Höher als der Freunde besten
Schätze einen solchen Feind.

Frasquita.

Willst Du spottend mich verhöhnen?
Oder suchst mich auszusöhnen
Mit den Lastern und Gebresten,
Die Dein Herr in sich vereint?
Aber die Künste der Ueberredung,
Lieber Repela, lassen mich kalt.
Mich zurück zu bringen

Wird Dir nicht gelingen,
Weder mit Güte, noch mit Gewalt.
(Sie will davon.)

Repela (geheimnißvoll).
Schlecht gerathen! And're Pläne
Führ' ich gegen Dich im Schild.

Frasquita (umkehrend).
Sag' sie mir, ich bitte Dich!

Repela.
Wenn Du schmeichelst, fürcht' ich mich;
Sei doch wieder stolz und wild.

Frasquita (schmeichlerisch).
Herzensrepela, was hast Du im Sinn?

Repela.
Unwiderstehliche Schmeichlerin!

Frasquita (ihn bei der Hand fassend).
Repela, Du bist ein Schelm,
Nicht darf man im Ernste Dich fassen;
So kannst Du Dir ja im Scherz
Ein Wörtchen entschlüpfen lassen.
(Ihn streichelnd.)
Was führest Du heimlich im Schild,
Was ist Dein Plan, Dein Geheimniß?

Repela.
Ich fühl' es, ich werde schwach,
Kann nicht bewahren mein Geheimniß.

Frasquita.
Was führst Du heimlich im Schild,
Was ist Dein Plan, Dein Geheimniß?

Repela.
Es ist —

Frasquita.
O sprich!

Repela.

Es ist —

Frasquita.

O sprich!

Repela.

Es ist —

Frasquita.

O sprich nur!

Repela.

Zeitversäumniß!

Frasquita (sich ärgerlich zum Gehen wendend).

So versäume denn
Deine Zeit allein!

Repela.

Also gehst Du doch zum Arzt?

Frasquita.

Kümmert's Dich, wohin ich geh?

Repela.

Nein, so wenig wie den Schatten,
Der Dir folgt, wohin es sei.

Frasquita.

Nun, dann höre: zum Alkalden
Geh ich suchen meinen Mann!

Repela.

Laß das lieber sein und laufe
Nicht vom Regen in die Traufe!
Weißt Du auch, daß der Alkalde
Schönen Frauen seine Dienste
Nicht umsonst zu Füßen legt?

Frasquita.

Ha, der sollte mir nur kommen!
„Ihr und Euer Herr im Bunde

Wolltet Alle mich verderben;
Und nun liegt zur bösen Stunde
Der Corregidor im Sterben —"
Ha, die üppigen Gedanken
Werden ihm da wohl vergeh'n!

Repela.

Muß es denn sein,
Schick ich mich drein;
Dort oder hier
Immer bei Dir
Bleibe ich gern
Nach dem Befehl des Herrn.

Schlüpf' in den Busch
Eilig, husch, husch,
Ueber das Feld,
Wie's Dir gefällt —
Ich hinterdrein,
Lasse Dich nicht allein.

Sähe uns wer
Von ungefähr,
Hielt er wohl gar
Uns für ein Paar,
Das auf der Flucht
Freuden der Liebe sucht.

Doch diese Frau
Nimmt es genau:
Ehliche Treu'
Knüpft sie auf's Neu',
Ehe Gefahr
Noch im Verzuge war.

Frasquita.

Muß es denn sein,
Schick ich mich drein!
Dort oder hier
Immer mit mir

Nehm ich Dich gern
Auf den Befehl des Herrn.

Komm durch den Busch
Eilig, husch, husch,
Ueber das Feld,
Schnurriger Held!
Geh' hinterdrein,
Lasse mich nicht allein!

Sähe uns wer
Von ungefähr,
Hielt er wohl gar
Uns für ein Paar,
Das auf der Flucht
Rettung vor Feinden sucht.

Doch Deiner Frau,
Lukas, vertrau'!
Standhaft und treu
Steht sie Dir bei,
Dein immerdar,
So in Glück wie Gefahr.

(Beide ab. Ein Instrumentalsatz leitet zur nächsten Scene über.)

Verwandlung.

Küche in der Mühle wie zum Schluß des ersten Actes.
Die Kleider des Corregidors hängen noch vor dem Feuer,
welches beinahe niedergebrannt ist. Die Thür steht offen.

Achte Scene.

Lukas (tritt herein).

Nicht geschlossen? Nicht geschlossen!
(Er besieht die Thür.)
Nur Frasquita konnte öffnen.
Aber wie? warum? wozu?
Auf Befehl? Aus freier Wahl?
(Er lehnt sich fassungslos an den Thürpfosten.)
Welches Todesschweigen!
Ist sie wohl mit ihm gefloh'n?

Oder werd' ich — werde Beide
Finden hinter jener Thür —?
Jeder Schritt ein Schritt zum Tode!
Lieber möcht' ich an der Schwelle
Sterben, eh' Gewißheit — ha!

(Er erblickt die Kleider des Corregidors, stürzt auf sie hin und
untersucht sie.)

Gräßliche Gewißheit, ja!
Aber nein, es ist nicht wahr!
Meine Augen sind Betrüger,
Lügner meine Hände.   Oh,
Welcher Teufel hat dem Schurken
Macht gegeben, dieses Weib,
Freventlich mir zu entreißen!

(Die Ernennung auf dem Tisch bemerkend.)

Die Ernennung ihres Neffen!

(Sardonisch.)

Ich verstehe! — — — — —
Hab' ich immer doch geargwohnt,
Daß sie ihre Anverwandten
Mehr als ihren Gatten liebt!
Aber Antwort, meine Antwort
Will ich ihr nicht schuldig bleiben.

(Er ergreift die Donnerbüchse und ladet.)

Niemand kann mich sehen — Gott nur,
Gott — und der hat dies gewollt!

(Er schleicht zur Thür des Schlafzimmers; auf der ersten Stufe hält
er inne.)

Wenn es dennoch Täuschung wäre?
Muß es denn nicht Täuschung sein?
Viele Möglichkeiten giebt es,
Tausend Möglichkeiten gäb es!

(Er schleicht die Stufen hinauf.)

Wenn es Gott gefallen hätte,
Mich durch schlimmen Schein zu prüfen?

(Er schaut durch das Schlüsselloch und prallt zurück.)

Sein Gesicht!
Auf dem Kissen sein Gesicht!
Nein, ich habe mich getäuscht!

Eifersüchtiger Gedanken
Böse Hirngespinste sind's!
(Er sieht noch einmal hin, geht dann stumm die Stufen herab und
verbirgt sein Gesicht in den Händen; Pause.)

Da steh' ich betrogen,
Da steh' ich entehrt,
Und doch ist mir Aermsten
Die Rache verwehrt.

Ich könnte sie tödten —
Doch wären sie todt,
So hätten die Leute
Mit mir ihren Spott.

Verlachten, verhöhnten
Den buckligen Mann,
Der sich vor der Hochzeit
Nicht besser besann.

Lachen würden sie, ja lachen,
Weil ich bucklig war und wagte,
Eine schöne Frau zu haben.
Lachen aber will ich selbst,
Wenn ich meine Rache fand.
Aber welche Rache, welche?
Wenn ich —? Nein, so geht es nicht!
Aber seine Frau? Auch sie
Ist ja eine schöne Frau!
Und auch ich hab einen Buckel!

(Er lacht auf.)

Ja, das ist sublim! Entzückend!
Das soll meine Rache sein!

Er beginnt, von Anfällen sarkastischen Gelächters unterbrochen, die
Kleider des Corregidors anzuziehen.

Schöne Frau Corregidora,
Hätten Sie das wohl gedacht?
Schöne Frau Corregidora,
Guter Rath kommt über Nacht.

(Er besieht sich mit Hohnlachen, ergreift Stock und Handschuhe, stülpt
den Dreispitz tief in die Stirn und geht ab.)

———

Dritter Act.

Erste Scene.

Küche in der Mühle wie am Schluß des vorigen Actes.

Der Corregidor (im Nachtkleid, eine Zipfelmütze auf dem
Kopfe, vorsichtig die Thür öffnend).

Welcher Spuk tobt hier im Haus?
Säße nicht bei dem Alkalden
Tio Lukas fest, ich schwüre,
Daß desselben rauhe Stimme
Und sein Lachen hier erscholl.
Sind die Kleider nur getrocknet,
So verlaß ich dieses Haus,
Eh' der Morgen graut.

(Er sucht seine Kleider.)

Was zum Henker? Fremdes Zeug?
Oh verdammt! Ward' ich bestohlen?
Ließ ein Vagabund die Kleider
Hier zurück? Nun, desto besser;
Unerkannt komm ich zur Stadt.

(Während er sich ankleidet.)

Einst haben in toller Verwandlung
Auch Götter um Liebe gebuhlt,
Doch hol' mich der Teufel, es lohnte
Sich ihnen zuletzt die Geduld.

Drum hüte Dich, Müllerin! Länger
Nicht bin ich Dein williger Thor;
Es wandelt zum Herrn und Gebieter
Zurück sich der Corregidor.

(Er hat des Müllers Kleider angezogen und die Felbelmütze aufgesetzt.
Das Feuer im Kamin ist erloschen.)

Zweite Scene.

Der Vorige, Frasquita, Repela, Juan Lopez, Tonuelo.

Juan Lopez (an der Thür, nach rückwärts gewendet).

Ich als Amtsperson der Erste,

4

Tonuelo, Du der Zweite,
Ihr Frasquita, wartet draußen.

(Den Corregidor erblickend.)

Ha, da ist er ja! Im Namen
Seiner Majestät! Ergebt Euch,
Tio Lukas!

(Der Corregidor will in das Schlafzimmer zurückflüchten.)

Tonuelo.

Halt Verräther!
Fahren sollst Du nun zur Hölle!

Er versetzt dem Corregidor einen Stoß in's Rückgrat und wirft ihn)
auf die Erde.)

Frasquita
(sich auf Tonuelo stürzend und ihn ohrfeigend).

Hund, laß meinen Lukas los,
Laß ihn los, und auf der Stelle!

Juan Lopez
(seinen Fuß dem Corregidor in den Magen pflanzend).

Dein Entkommen dieses Mal
Hindre ich auf alle Fälle.

Repela (der sich mit ausgebreiteten Armen vor
der Schlafzimmerthür aufgestellt hat).

Eines sag' ich: es betritt
Lebend keiner diese Schwelle!

Corregidor.

Hilfe! Hilf, Alkalde, Schaf,
Siehst Du nicht, daß ich es bin?

Alle.

Der Corregidor!

Corregidor (wüthend).

In's Gefängniß, an den Galgen!

Juan Lopez (niederknieend).

Ach, hoher Herr, verzeiht!

Wer hätte Euer Gnaden
Erkannt in diesem Kleid?

Corregidor.

Weißt Du nicht, daß eine Bande
Räuber unter Tio Lukas
Meine Kleider mir geraubt?

Frasquita.

Lüge und Verrath!

Repela
(während der Corregidor weiter mit dem Alkalden spricht).

Liebe Müllerin, nun trachte
Deine Sache beizulegen,
Ehe des Gebieters Gunst
Sich von Dir und Lukas wendet.
Denn auf seiner Stirne seh' ich
Schlimme Wetterzeichen steh'n.

Frasquita.

Hätte Lukas etwa Grund,
Diesen Mann um Gunst zu bitten?
Weiß der Himmel, wo der Aermste
Jetzt herumirrt, frech vertrieben
Aus dem eignen Haus —!

Repela.

Tio Lukas geht zur Stunde
Als Corregidor verkleidet
In der Stadt umher.

Frasquita.

Was mag er verkleidet wollen?

Repela (zuckt die Achseln).

Sicher ist nur, daß er hier
Offen fand die Eingangsthür,
Fand die Kleider meines Herrn —

4*

Frasquita.

Jesus! Also hält der Aermste
Seine Gattin für entehrt?

(Zum Corregidor.)

Don Eugenio de Zuniga,
Fort ging mein unselger Mann,
Glaubend an die Schmach der Gattin,
Ging er fort von hier!

Corregidor (kalt).

Wünscht, daß ihm nichts Schlimm'res droht!

Frasquita.

Eurer Gattin zu berichten,
Was sich hier ereignet hat,
Ging er zürnend in die Stadt —

Corregidor (bestürzt).

Eingebildete Geschichten!
Dennoch wollen wir ihm nach,
Daß er mit erfundner Schmach
Meine Gattin nicht belüge.

Repela.

Ja und gebe Gott, daß Lukas
Mit Erzählen sich begnüge!
Die Verkleidung giebt zu denken.

Corregidor (aufbrausend).

Glaubst Du, daß er fähig wäre —?

Frasquita.

O zu Allem ist er fähig!
Geht es doch um seine Ehre!

Repela.

Was mich auch so sehr erschreckt:
Daß in Eures Rockes Schößen
Eures Hauses Schlüssel steckt!

Glaubt Ihr nicht, der Unbedachte
Strebt nach der Gebieterin —?

Corregidor.
Meiner Frau? Wo denkst Du hin?
Ist sie nicht Corregidora?

Frasquita.
Seht Ihr's — Euer Beispiel machte
Aus der Mühle ein Gomorrha.

Corregidor.
Juan Lopez, Tonuelo,
Auf den Flüchtling geht zu fahnden!
Bringt Ihr ihn mir nicht zur Stelle,
Fürchterlich werd' ich es ahnden.

Juan Lopez und Tonuelo.
Euer Gnaden, unterthänigst
Bitten wir, uns zu vertrau'n,
Unbegrenzt ist unser Eifer,
Häuser dürft ihr auf uns bau'n!

Treulich sorgend, daß das Auge
Des Gesetzes immer wacht,
Gönnen wir in uns'rem Amte
Ruh' uns weder Tag noch Nacht;

Und wir schwören's, den Verbrecher
Holen wir in Eile ein;
Doch vor Allem, Euer Gnaden,
Müssen wir zur Stadt hinein.

Frasquita.
Solche Pläne, armer Lukas,
Mochte Rachsucht in dir brau'n!
Deine Wege, Deine Pläne,
Sie erfüllen mich mit Grau'n.

Gegen Deines Weibes Treue,
Lukas, schöpftest Du Verdacht,
Und Vergeltung willst Du üben
In des Nebenbuhlers Tracht?

Aber noch in meinem Herzen
Sag' ich: nein, es kann nicht sein!
Doch vor Allem ohne Säumen
Müssen wir zur Stadt hinein.

Corregidor.

Ueber Dir soll nun der Himmel
Meiner Gunst nicht länger blau'n:
Fühlen grimmiglich, Frasquita,
Wirst Du bald des Löwen Klau'n.

Die Du mich verspotten wolltest,
Uebermüthige, gieb Acht!
Wenn ich grolle, wenn ich zürne,
Hab' ich zu verderben Macht.

Steckt nur Lukas erst im Kerker,
Dann, Frasquita, bist Du mein!
Doch vor Allem, ich befehl es,
Müssen wir zur Stadt hinein.

Repela.

Tugend hab' ich nie bezweifelt,
Schmähe nicht das Herz der Frau'n,
Doch verwechselt ist im Dunkeln
Leicht der Braune mit dem Grau'n.

Und es kann gar wohl geschehen,
Da das Kleid die Leute macht,
Daß sich dieser Schwerenöther
Schließlich in das Fäustchen lacht!

Deßhalb möchte ich zur Stunde
Nicht Corregidora sein.
Doch vor Allem, das ist sicher,
Müssen wir zur Stadt hinein.

(Alle rüsten sich zum Aufbruch.)

Verwandlung.

Straße vor dem Hause des Corregidors. Nacht; später Morgengrauen mit allmählig stärkerer Beleuchtung bis zum hellsten Sonnenlicht.

Dritte Scene.

Nachtwächter (vorübergehend).

Ave Maria purissima!
Halb fünf ist die Stunde, der Tag ist nah'.
Ihr Knechte und Mägde
Der Hahn hat gekräht,
Bald läutet die Glocke
Zum Morgengebet.
Halb fünf ist die Stunde, der Tag ist nah',
Ave Maria purissima! (Ab).

Vierte Scene.

Der Corregidor, Frasquita, Repela, Juan Lopez, Tonuelo.

(Der Corregidor und Frasquita kommen auf Müllereseln geritten; nachdem sie abgestiegen sind, führt Tonuelo die Thiere fort.)

Corregidor (zu Repela).

Poche.

Repela (an der Thür rüttelnd).

Alles fest geschlossen.
Schlimm das!

Corregidor.

Klopfe noch einmal.

Repela
(nachdem er geklopft hat, eine Guitarre nachahmend).

Blimblam, blimblam,
Mach' auf, mach' auf!
Denn soll ich Dir Liebe schwören,
Muß ich im Schlummer Dich stören,
Wachsam spähende,
Mägde schmähende

Duenna, mach' auf!
Blimblam, blimblam.

Corregidor.
Laß die Possen, klopfe stärker.

Repela (wieder klopfend).
Herr, ich suche sie zu täuschen;
Wittern sie den Ständchenbringer,
Kommen ja die Frauenzimmer
Alt' und junge, gleich gelaufen.
(Wieder klopfend).
Bumbum, bumbum,
Mach' auf, mach' auf!
Es wartet der Ständchensänger
Geduldig im Freien nicht länger,
Immer grimmige
Unkenstimmige
Duenna, mach' auf,
Bumbum, bumbum.
(Klopft wieder.)

Duenna (bei einem Fenster).
Wer ist unten?

Corregidor.
Ich! Macht auf!

Duenna.
Und wer seid Ihr, Ihr da unten?

Corregidor.
Mohrenclement! Ich bin's,
Der Corregidor, der Herr!

Duenna.
Geht mit Gott! Denn vor einer
Stunde kam der Herr nach Haus,
Ging auch schon zu Bett.
(Schlägt das Fenster zu.)

Corregidor.
Amme, Amme, öffne, sag' ich,
Oeffne, ich befehl' es Dir!

Duenna (wieder das Fenster öffnend).

Wollt Ihr Euch nicht packen,
Ihr mit Eurem Rausch!
Gleich geht Eurer Wege,
Oder es setzt Schläge!

(Schlägt das Fenster zu.)

Frasquita.

Gott, mein Gott, so ist es Wahrheit!
Lukas hat an mir verzweifelt!

Corregidor.

Ist das Bosheit? Ist das Narrheit?
Was es sei, es ist verteufelt!

Repela.

Das ist eine schöne Klarheit,
Die uns da wird eingeträufelt!

Fünfte Scene.

Die Vorigen, eine Anzahl Alguacils (mit Stöcken bewaffnet
aus dem Thor stürzend).

Alguacils.

Wo ist er, der Trunkenbold,
Der Corregidor sich nennt?
Schlechter Tölpel, frecher Wicht!

(Prügelei.)

Corregidor und Juan Lopez
(sich flüchtend und sich vertheidigend).

Haltet ein, halt ein! Ihr sollt
Hängen, Himmelsakrament!
Schafskopf, kennst Du mich denn nicht?

Repela (ohne sich einzumischen).

Sagt mir, ob Ihr hängen wollt,
Daß Ihr Euern Herrn nicht kennt?
Seht ihm doch nur in's Gesicht!

Frasquita (abseits, weinend).

Lukas, daß Du dies gewollt!
Hast für immer uns getrennt,
Wenn dies Weib die Wahrheit spricht.

Sechste Scene.

Die Vorigen, Donna Mercedes.

Mercedes.

Was soll dieser Lärm bedeuten?

Alguacils.

Die Sennora!

Corregidor.
Meine Frau!

Mercedes.

Tio Lukas! Ist ein Unglück
In der Mühle denn gescheh'n,
Daß Ihr nächtlich hier erscheint?

Corregidor.

Ha Sennora, nicht zu scherzen
Bin ich aufgelegt.
Wissen will ich jetzt,
Was aus meiner Ehre ward.

Mercedes.

Eure Ehre, guter Müller?
Gabt Ihr mir sie in Verwahrung?

Corregidor.

Ja, der Ehre ihrer Gatten
Hüterinnen sind die Frau'n.

Mercedes.

Fragt denn Eure Frau — dort steht sie.

Corregidor.

Laß, Mercedes, Deine Scherze.
Sage, wo ist jener Mann?

Mercedes.

Wer? Mein Gatte? Nun, wo jeder
Ehrenmann zu dieser Stunde
Hingehört — in seinem Bett.

Corregidor.

Sag' das nicht ein zweites Mal!

Mercedes
(den Corregidor spöttisch und herausfordernd messend).

Mein Gatte, der Corregidor,
Die Händel der Bürger zu schlichten,
War über Tags aus dem Haus,
Erfüllend erhabene Pflichten.

Doch kam er zu schicklicher Zeit
Zurück, sich niederzulegen;
Er kam mit Mantel und Hut,
Er trug an der Seite den Degen.

Die Diener geleiteten ihn,
Die lang ihn erwartet hatten;
Und ich — wie Gott es besiehlt,
Empfing als Gattin den Gatten.

Corregidor.

Unverschämte Dirne!

Mercedes (den Ton ändernd).

Aber
Setzen wir den Fall, Ihr wäret
Don Eugenio de Zuniga —

Corregidor.

Weib, ich bin es!

Mercedes.

Welche Rechte
Hättet Ihr, Euch zu beklagen?
Jener nur, der dort sich nähert,
Hätt' allein dazu ein Recht.

Siebente Scene.

Die Vorigen, Lukas (noch in den Kleidern des Corregidors, den
Gang und die Manieren desselben nachahmend).

Lukas.

Wünsche Alle guten Morgen!

(Er küßt der Corregidora die Hand.)

Corregidor.

Wagst Du es vor meinen Augen —?

Frasquita (den Corregidor zurückdrängend).

Aus dem Weg mir, Don Eugenio,
Rede stehen soll er mir!

Lukas (noch immer den Corregidor nachahmend).

Gott behüte Dich, Frasquita!
Sage, hast Du die Ernennung
Deinem Neffen schon geschickt?

Frasquita.

Lukas, ich verachte Dich!

Lukas (mit unverstellter Stimme).

Welche Miene, welche Töne!
O so wärst Du noch die Meine?

Frasquita (wild).

Nein, nicht mehr bin ich die Deine!
Frage Deine Heldenthaten
Dieser Nacht und dann erkenne,
Was Du aus dem Herzen machtest,
Das Dich, ach, so sehr geliebt.

Lukas.

Also bist Du unschuldig?
Also bist Du noch mein?
O so laß uns denn selig
Alles Gescheh'ne verzeih'n!

Repela.

Bist Du noch eifersüchtig,
Lukas, so sei es auf mich;
Denn von Frasquita am meisten
Diese Nacht genoß ich!

Frasquita (sich der Umarmung des Lukas entziehend.)

Geh' mir! Eh' ich Dich umarme,
Will ich wissen, was geschah —

Mercedes.

Das sollst Du durch mich erfahren.

Corregidor.

Ja Sennora, denn ich warte
Darauf schon seit einer Stunde.
Wirst Du endlich Dich erklären?

Mercedes (mit überlegenem Lächeln).

Nun, Euch rath' ich, Caballero,
Breitet über das Gescheh'ne
Lieber einen Schleier dicht;
Denn Ihr kämet in die Enge,
Wenn zum Bischof der Bericht
Eures Abenteuers dränge.

Corregidor
(sich mit saurer Miene hinter den Ohren kratzend).

Guten Morgen, edle Donna!
Da wir uns so weit verständigt,
Hoff' ich, daß dies Abenteuer
Ohne Bischof für mich endigt.

Lukas und Frasquita
(die indessen lebhaft mit einander gesprochen
und gelacht haben).

Guten Morgen, edle Donna!
Da Ihr Euch mit ihm verständigt,

Scheint es, daß dies Abenteuer
Ohne Unheil für uns endigt.

Juan Lopez.

Guten Morgen, edle Donna!
Da Ihr Euch mit ihm verständigt,
Schätz' ich, daß dies Abenteuer
Auch für mich hat gut geendigt.

Chor.

Guten Morgen, edle Donna!
Alle haben sich verständigt,
Und so hat dies Abenteuer
Ohne Unglücksfall geendigt.

(Der Vorhang fällt.)